लकड़बग्घा हँस रहा है

(कविता-संग्रह)

वाणी प्रकाशन
नयी दिल्ली-110002

लकड़बग्घा हँस रहा है

चन्द्रकान्त देवताले

वाणी प्रकाशन

वाणी प्रकाशन

4695, 21-ए, दरियागंज, नयी दिल्ली 110 002

शाखा

अशोक राजपथ, पटना 800 004

फ़ोन : +91 11 23273167 फ़ैक्स : +91 11 23275710

www.vaniprakashan.in
vaniprakashan@gmail.com
sales@vaniprakashan.in

LAKARBAGGHA HANS RAHA HAI
by Chandrakant Devtale

ISBN : 978-81-7055-730-2
Collection of Poems

प्रथम संस्करण 2000
आवृत्ति 2018

मूल्य : ₹ 225

एम.एस. प्रिंटर्स, दिल्ली-110 093 में मुद्रित

वाणी प्रकाशन का लोगो मक़बूल फ़िदा हुसेन की कूची से

अनुक्रम

शब्द संभव हैं

तुम मुझसे पूछ रही हो
और मैं तुमसे
पर सचमुच क्या हमारे बीच
शब्द जीवित हैं

आवाज़ों का दरख़्त
अंधी बावड़ी में
लकवाग्रस्त गूँगे की तरह···
और फिर भी तुम पूछ रही हो
"कौन बोल रहा है ?"

तुम कुल्हाड़ी मत बनाओ
कोयले से फ़र्श पर
आतंकित मत करो कमरे को–

ये छपे शब्द
जीवित आदमी की
फुसफुसाहट भी तो नहीं
ये मृत राख में
अंधी कौड़ियों की तरह
इन्हें मत दिखाओ,

समय काटने के लिए
तुम स्वेटर क्यों नहीं बुनतीं
मैं नाखून क्यों नहीं काटता

समुद्र की बेहोशी की ख़बर
आकाश तक को पता
पर यह नहीं वक़्त
दरवाज़े को खोलकर
तुम कमरे को सड़क मत बनाओ

भरोसा रखो हवा पर
वह तोड़ कर रख देगी
जंगलों की चुप्पी
गूँगे नहीं रहेंगे दरख़्त
मथ देगी समुद्र
झाग में तैरेंगे जीवित शब्द

तब तक
अच्छा नहीं लगता सुनना कुछ भी
तुम चुप रहो
बन्द कर दो रेडियो को…

औरत

वह औरत
आकाश और पृथ्वी के बीच
कब से कपड़े पछीट रही है,

पछीट रही है शताब्दिशें से
धूप के तार पर सुखा रही है,
वह औरत आकाश और धूप और हवा से
वंचित घुप्प गुफा में
कितना आटा गूंध रही है ?
गूंध रही है मनों सेर आटा
असंख्य रोटियाँ
सूरज की पीठ पर पका रही है,

एक औरत
दिशाओं के सूप में खेतों को
फटक रही है
एक औरत
वक़्त की नदी में
दोपहर के पत्थर से
शताब्दियाँ हो गईं
एड़ी घिस रही है,

एक औरत अनन्त पृथ्वी को
अपने स्तनों में समेटे
दूध के झरने बहा रही है,
एक औरत अपने सिर पर

घास का गट्ठर रखे
कब से धरती को
नापती ही जा रही है,

एक औरत अँधेरे में
खर्राटे भरते हुए आदमी के पास
निर्वसर जागती
शताब्दियों से सोई है,

एक औरत का धड़
भीड़ में भटक रहा है
उसके हाथ अपना चेहरा ढूँढ़ रहे हैं
उसके पाँव
जाने कब से
सबसे
अपना पता पूछ रहे हैं।

भाषा के इस भद्दे नाटक में

तुम मुझसे पूछते हो
मैं तुमसे पूछता हूँ
सुबह हो जाने के बाद
क्या सचमुच सुबह हो गयी है

भय से चाकू ने
हादसे की नदी में डुबो दिया है
समय की तमाम ठोस घटनाओं को
ताप्ती का तट, सतपुड़ा की चट्टानें,
इतिहास के हाथी-घोड़े
कविताएँ मुक्तिबोध की
ये सब बँधी हुई मुट्ठी के पास
क्या एक तिनका तक नहीं बनते

उत्साह की एक छोटी-सी मोमबत्ती से
चुँधिया गयी हैं कितनी तेजस्वी आँखें
कोई नहीं देख पाता
फफूँद से ढँकी दिन की त्वचा
महिमा-मण्डित महाकाव्य के बीचोंबीच
दबा-चिपका चूहे का शव
कोई नहीं ढूँढ़ पाता···

वे भी जो अपने पसीने से
घुमाते हैं समय का पहिया
नहीं जानते अपनी ताक़त
क्योंकि उनके हाथ

नमक ओ' प्याज़ के टुकड़े को ढूँढ़ते-ढूँढ़ते
एक दिन काठ के हो जाते हैं

वहाँ से, उस ऊँची जगह से
वे कुछ कहते हैं
हम कुछ सुनते हैं
किन्तु वह कौन सी भाषा है
जो दाँतों के काटे से नहीं कटती
जो आँतों में पहुँचकर अटक जाती है
कभी एक बूँद खून टपकाता हुआ छोटा-सा चाकू
कभी एक बित्ता उजास दिखाती हुई छोटी-सी मोमबत्ती
सौंपते हुए यह भाषा
इतिहास के आमाशय
और भूखण्ड के मस्तिष्क को
पंगु बना देना चाहती है,

भाषा में गूँथी हुई विजय
भाषा के पोत में चमकते हुए सपने
भाषा में छपी हुई गाथाएँ
चखते हुए अपनी आँखों से इन्हें
क्या हम एक दिन अंधे हो जाएँगे

तुम सोचते हो
सब सोचना चाहते हैं
मैं भी सोचता हूँ

किस अग्नि-स्नान के बाद
उगेंगे-छपेंगे वे शब्द
जिनके पेट में छिपा होगा वह सत्य
जिसे देखते ही पहचान जाना होगा आसान

किन्तु भाषा के इस भद्दे नाटक में घमासान
जिसे विदूषक ने आज दफ़ना दिया है कहीं
मंच के नीचे या नायकों के तख़्तेताऊस के पास

देखो दोमुँहे शब्दों को
ध्यान से देखो
सुनो उनकी पीठ पीछे की फुसफुसाहट
मंच के तामझाम के बाद की
वह नेपथ्य की भूमिगत साज़िश···

इस साज़िश को मैं पहचानता हूँ
अपनी कविता की कपट-बेधी आँखों से
क्योंकि कपट से कपट के बीच धँसी हुई यह भाषा
सुख के पहाड़ की चोटी तक पहुँचाती है
हड्डियों को सपना दिखाती है तपती धूप में
एक क्षण बाद
ग़ायब पहाड़
क्षत-विक्षत सपना
जस की तस हड्डियाँ
यह भाषा चुपके-चुपके
आदमी का माँस खाती है

सत्य को जब चीथता है कोई शब्द
या कोई शब्द ध्वस्त हो
देता है हमें सत्य
तब टपकता है दूध कविता का
मज़बूत होती हैं घास की जड़ें

किन्तु इसी वक़्त यह मुझसे नहीं होगा
होगा तब भी

टेंटुआ मसकना इस झूठी भाषा का
सबसे होगा,

मुझे मक्खी को मकड़ी
या तिनके को तमंचा बनाना नहीं आता
अभी यहीं इसी वक़्त मुझसे ही
सब भेद जानना

उस गूँगे आदमी से वक़्त पूछने जैसा होगा
जिसके हाथ में अभी घड़ी तक नहीं है

किन्तु मुद्दे की चीज़ है उसके संकेत
जिन तक पहुँचना अपने आप
उस झूठी घड़ी को तोड़ने जैसा होगा,
जिसने कभी हमें सही वक़्त नहीं बताया

यह उन तमाम झूठी ज़ुबानों को
काटने जैसा भी होगा
जिनकी छाया पड़ने से
भाषा का पानी
यानी
आदमी का सत्
कीचड़ हो चुका है।

मेरा एक सपना यह भी

सुख से, पुलकने से नहीं
रबने-खटने के थकने से
सोई हुई है स्त्री,

सोई हुई है जैसे उजड़कर
गिरी सूखे पेड़ की टहनी
अब पड़ी पसर कर,

मिलता जो सुख
वह जगती अभी तक भी
महकती अँधेरे में फूल की तरह
या सोती भी होती
तो होंठों पर या भौंहों में
तैरता-अटका होता
हँसी-खुशी का एक टुकड़ा बचाखुचा कोई,

पढ़ते-लिखते बीच में जब भी
नज़र पड़ती उस पर कभी
देख उसे खुश जैसा बिन कुछ सोचे
हँसता बिन आवाज़ मैं भी,

नींद में हँसते देखना उसे
मेरा एक सपना यह भी
पर वह तो
माथे की सलवटें तक
नहीं मिटा पाती सोकर भी।

नवम्बर का चेहरा

अब मैं लौट आया हूँ
और पतझर पत्तियों को कुतर रहा है
तेज़ हवाओं के बीच
मेरी ख़ामोश वापसी
फ़रवरी के दरवाज़ों पर
कितनी हल्की थपथपाहट है,

जनवरी की नदी में
बर्फ़ जमी हुई थी
और बर्फ़ पर मेरी परछाईं
नंगे पैर दौड़ रही थी,

मैं बहुत दूर था
बचता हुआ अनुपस्थित
फिर भी परछाईं से बँधा
घिसटता रहा बर्फ़ पर···

मैंने किसको बचाया
या
नष्ट किया
अब अफ़वाहों के बीच कहना असंभव है

पर मैं हूँ लौटा हुआ
नहीं जानता कौन जीता कौन हारा

वसंत के दर्पण में
नवम्बर का चेहरा कभी नहीं दिखता
मैं नवम्बर का चेहरा हूँ, फ़रवरी में
और फ़रवरी पत्तियों को कुतर रही है।

तुम्हारे शब्द

लोहे के दाँत दरख़्तों को कुतरते हुए
और जंगल भर रुदन
पक्षियों का
तुम्हारे शब्द नीले पड़ गए हैं विषाक्त होकर,
नर्मदा के पुल पर से देखे थे तुमने
जलते हुए पहाड़
सुनी थी मिट्टी की हाँडी में खदबदाती
कुटकी की महागाथा,
पाँचों बोगदों में
अभी भी स्थगित है
वहीं की वहीं
वे तमाम चीज़ें
जिनमें सम्मिलित है
स्मृतियों का गड़ा हुआ खजाना
भूख और दाँतों के दर्द की दवा
भीतर का सब कुछ
स्याह रातों की आँतों में अटका हुआ
और तुम्हारे शब्द बाढ़ भर फजीहत में
सूज कर डोम हो गए हैं,
हँस कर आसानी से
अँधेरे में
आँखों का इन्तज़ार करते
खड़े रहना वर्षों तक कितना मुश्किल था

और अब कितना भयानक है यह
रोशनी का इस कदर पाना

कि चीज़ें खिसक जाएँ सब अपनी जगह से
जहाँ पानी के लिए हाथ डालो
वहीं एक विष दंश मिले
यदि बटन दबाकर खोलना चाहो दरवाज़ा
कुएँ में गिरने से बच पाना न हो सके—

सचमुच
बेहद चिकनी मिट्टी पर
फिसलती रही हैं अनिश्चय की रातें
और तुम्हारे शब्द
तर्क के चाकू पर लहूलुहान हो रहे हैं।

वे दोनों

वह जो लगातार कहता आ रहा था
और अभी-अभी भी कहने जा ही रहा था कुछ
अकस्मात गूँगा हो गया है,

और वह जो बरसों से चुप
काले लिबास में कुर्सी पर बैठा था
बोलने लगा है,

जो बोलने लगा है
वह नशे में है
और भुनी हुई काजू के टुकड़ों से
फ़िलहाल उसका मुँह भरा है
वह काग़ज़ पर लिख कर
बता रहा है–
मैं इत्मीनान से बोलूँगा बाद में
न बोलने के सुख
और काजू के स्वाद के बारे में···

और वह जो अकस्मात
गूँगा हो गया है
उसके चेहरे पर बहुत-सी
फूटी कौड़ियाँ उग आयी हैं
और उसकी जिह्वा लटक कर हवा में
कुछ ढूँढ़ रही है
उसने लिख कर बताया–

मैं इस शख़्स को ख़त्म कर दूँगा
इसके मुँह से पहला शब्द निकलते ही
सिर्फ़ तब तक के लिए मैं
गूँगा हूँ फिर बोलने लग जाऊँगा
हमेशा की तरह···

इन्तज़ार

झाड़ी के पास से गुज़रते हुए
वह अपनी दाढ़ी पर फेरता हाथ
ख़तरनाक रास्ते कित्ते
मोड़ पगडंडियाँ रेलवे क्रासिंग
भुतही-सी लगती पुलिया
मटमैले आकाश के नीचे
फैला हुआ भूखण्ड ऊबड़ खाबड़…
समतल कुछ भी नहीं उसके मस्तिष्क में भी
धुएँ में हिचकोले खाते रहने के बाद
आकृतिहीन होने लगते
तमाम घबराये हुए चेहरे

वह
दहशत के पागल कुत्ते पर
गोली दाग़ने के लिहाज़ से
टटोलने लगता जेब
पर हाथ लगती ख़ाली माचिस

धत्तेरे की कह कर वह
बैठ जाता वहीं एक काले पत्थर पर
आग के इन्तज़ार में…

वसन्त

वसन्त कहीं नहीं उतना असर कर रहा
जितना चिड़ियाओं की फुदक-चहक में
अख़बार के मुखपृष्ठ पर तो कुछ भी नहीं
उससे अच्छा कहीं ज़्यादह कहता गया
जिस पर लदे ताज़े टटके-मटके
जा रहे बिकने हाट में···

मटकों की त्वचा पर आँच की चमक है शेष
उड़ती हुई धूल के बीच
चिड़ियों के बाद मटकों की देह में
कितनी आहट करता है वसन्त···

बच्चियाँ मेरी तो दोनों
न जाने क्या घोक रही हैं सुबह से
पत्नी खाँसती-छींकती
इतवार को धूल-धस्सर से उबारने की कोशिश में
मैंने कहा—"देखो चिड़ियाएँ कितनी ऊधमी हो गयी हैं।"
अनसुना कर वह बोली— "कण्डों के उधर हज़ारों मच्छर
भिनभिनाते उन पर छिड़क दो
फ़्लिट—पम्प उठा।"

मैं सोचने लगा—कहाँ हैं मच्छर
अख़बार पर या कण्डों के पीछे और···वसन्त
फिर देखने लगा चुपचाप खिड़की से बाहर-दूर
ज़िला जेल की वृहदाकार दीवार
जो गेरुए रंग की दहशत से
रेखांकित कर रही थी वसन्त का आकाश।

दुर्घटना

मैं सड़क पर था
और मेरे मस्तिष्क में रविशंकर की सितार के कुछ टुकड़े
झन्ना रहे थे
मेरे दाहिने हाथ में चाबियों का गुच्छा था बेवज़ह खनकता हुआ
तभी नुक्कड़ पर वह प्रकट हुआ
इस कदर जैसे मेरी परछाईं में से निकलकर आया हो
उसने मुझे देखा—कुछ ऐसे जैसे वह आदमी नहीं
किसी हिंसक पशु को देख रहा हो
फिर मेरे कंधों को लगभग झकझोरते वह पूछने लगा—
"तुम्हारे हाथ में चाबियाँ क्यों हैं
और तुम्हारे इरादे क्या हैं ?"

मेरे भीतर उस वक़्त कुछ नहीं जल रहा था
मैं सिर्फ़ चल रहा था—
मैंने कहा—कुछ भी कहने को विवश नहीं हूँ मैं,
फिर भी कहता हूँ
समय के मस्तिष्क में उगी हुई गठान के कारण
भयभीत है हवा—वैसे मैं भी पूछ सकता हूँ
तुम कौन हो पर नहीं चाहता पूछना
ये चाबियाँ मेरी अपनी हैं पर मैं नहीं जानता
वे कौन से दरवाज़े हैं जिन पर जड़े तालों से
कब इनकी मुलाक़ात होगी

वह दहाड़ा—तुम्हारी यह हिम्मत
तभी उसकी ज़ेब में से कुछ और आदमी बाहर निकलने लगे

और सबने मिल कर मेरी मुश्कें बाँध दीं
फिर टेंटुआ मसकने लगे…
मैं जब तक होश में आया
वे सब जा चुके थे
सितार के टुकड़े मेरे भीतर चिबदा गये थे

मुड़ी-तुड़ी चाबियाँ मुझसे कुछ दूर पड़ी हुई थीं
मुझे लगा जैसे वक़्त के मस्तिष्क की गठान
मेरे मस्तिष्क में उतर गयी है
और मैं हवा की भयभीत गठरी में बाँध दिया गया हूँ
अब सोचने के लिए कुछ नहीं था

केवल कुछ शब्द कानों में गूँज रहे थे
"कोशिश करो
कोशिश करो।"

प्रतीक्षा

परेशान शब्दों से घिरा हुआ होने पर
कितना मुश्किल हो रहा है
एक भी शब्द ढूँढ़ लेना
उस चीज़ के लिए
जो मौत के बेहद नज़दीक नहीं है
पर ज़िन्दगी से बहुत दूर जा गिरी है

बौखलाई हुई दिनचर्या के बाद
नींद को किसी शान्त राग में गूँथ लेना
कितनी बड़ी हिमाक़त होगी
चाहे आप सचमुच में आदमी ही क्यूँ न होओ,

एक धब्बा धड़कनों तक जाकर
फैलता जा रहा है
यहाँ बाहर कितनी सारी रेत बिछी है
और फूलों के बीज
कसी हुई मुट्ठी के पसीने में नहा रहे हैं

परछाइयों की सीमाएँ और
झूलती हुई चीज़ों की परछाइयों के बीच फैलता हुआ
कुत्तों का रुदन
और स्मृतियाँ खुद की
दूर किसी काले पहाड़ पर चढ़ती हुई
और तुम यहाँ
सूखी हुई नदी के बिस्तर पर
उत्तेजित शब्दों की भीड़ में घिरे हुए…

प्रतीक्षा करो बरसात की और
फिर और बरसात के बाद
दिन की हरी आँखों की
और फिर उस हरी रोशनी में
ढूँढ़ना अपने शब्द बीज को
शायद तुम्हारे समय के क्षितिज पर
कोई सूर्यमुखी फूल हँसता हुआ मिले···

इस पठार पर

मैं ज़िन्दा हूँ इस सुरक्षित पठार पर
जहाँ हिमालय की बर्फ़ का पिघलना
चट्टानों का धँसकना या ज़मीन का कटना
कुछ भी सुनाई नहीं देता,
ज़रूर कुछ मटमैली नदियाँ बरसात में
कुछ घंटों के लिए स्थानीय किस्म का शोर करती हैं
और उतनी देर के लिए कभी-कभी
यातायात जाम होकर पानी उतरने का इन्तज़ार करता है

अफ़ीम के खेतों के इलाके में बाँछेड़ औरतें
अपने बोदे पतियों की मौज़ूदगी में
देह का धन्धा करती हैं
और बीड़ी के लिए माचिस माँगने के बहाने
मर्द धुँधलके में डूबी सड़कों पर
अपनी औरतों के लिए पानी के भाव
ग्राहक ढूँढ़ते हैं,

मैं समुद्र से बहुत दूर
आदमियों के उस भूखण्ड पर ज़िन्दा हूँ
जहाँ लोगों ने समुद्र का चिंघाड़ना कभी नहीं जाना
समुद्र के फेन में दाँत की तरह टूटते हुए घर
बहते हुए ढोर-डंगर और स्त्री-पुरुषों की देहों का
हाहाकार किसी ने नहीं देखा

मेरी आधी उमर बीत चुकी है
इस मुक्त और खूबसूरत ठंडी रातों वाले पठार पर

मैंने भूकम्प के धक्के से घड़ी के गिरने
या खिड़की के शीशे तक के चटकने की
आवाज़ नहीं सुनी
दौड़ते हुए घोड़ों या लड़ाकू विमानों के हड़कम्प से
यहाँ की धरती और आकाश को कभी भी
सिहरते हुए महसूस नहीं किया,

फिर भी लोगों के पैरों में असंख्य दरारें हैं
जिनके चिथड़ा जूतों से कीचड़ हर बार
कुछ चमड़ी नोंच लेता है
स्त्रियों के होंठों पर प्रसन्न पंक्तियों के
संगीतमय आकाश के बदले
फ़सल काटते वक़्त भी अजीब फुसफुसाहटें होती हैं
और चमकने के बदले उनकी आँखों में
किसी भी अन्न के दाने के भीतर छिपे
अँधेरे के भय की परछाईं दिखाई देती है

लस्तपस्त मुर्दनी के साथ
जिस तरह क़ैदी अफ़सरों के लिए
सब्ज़ियाँ उगा रहे हैं
चपरासियों के हाथ बड़े बाबुओं की बीवियों के
पेटीकोटों के धब्बे छुड़ा रहे हैं
उसी तरह कोठरियों में
शिक्षकगण बालवृन्दों के समक्ष कुछ चारा जैसा डाल रहे हैं

शहरों और क़स्बों में
फ्लश का पानी
टेलिफ़ोन की घंटियाँ
जनता का पेट्रोल
मज़दूरों के जोड़ों का दर्द

किसानों की आँखों का ख़ून
और पुश्तैनी मेहनत से कमाई हुई भाषा का सत्त्व
सार्वजनिक गटरों में
लगातार बजते हुए बह रहा है
फिर भी लोग इस पठार की छोटी नदियों में
किसी शाम जलते हुए दीये बहाते हैं
और फिर अँधेरी दिशाओं में डगमग आगे बढ़ते
रोशनी के पगचिह्नों को उमंग और
उम्मीदों से निहारते हैं
चकमक पत्थर की चमक जितनी देर की होती है यह खुशी
और फिर शुरू हो जाता है वही
लद्दू जानवरों का कमरतोड़ सिलसिला…

पत्थरों को तोड़ते हुए आदमी
और कोयला बीनती हुई औरतें
और नंगे पैर ठिठुरते हुए बच्चे
मुझे इस पठार पर
अपनै मौज़ूदा मुक़द्दर के ख़िलाफ़
हर रोज़ कुछ दे रहे हैं
मैं उसको भट्टी में पकाकर
उन्हें वापस करने में लगा हूँ
और देख रहा हूँ अब इस पठार पर
आहिस्ता-आहिस्ता बदलता जा रहा है
मुट्ठियों का अर्थ।

कमरे में अँधेरा होते ही

आकृतियों और झूलती हुई परछाइयों से
हाथ धो बैठा कमरा अँधेरा होते ही
तब मैं क्या देख रहा था जिसके बाद
एकदम बन्द हुआ दिखना उसका

अब पिंजड़े में टहलता सुग्गा
कर रहा हड़कम्प चिड़िया फूली हुई
किन्तु दुबकी ख़ामोश होगी वहीं उस कोने में,

तब मैं शायद तुम्हारी ठुड्डी को कुछ
कम-सा देखते हुए निश्चय ही सोच रहा था ज़्यादह
तुम कब लगती हो भोंदू
जैसे हर शख़्स एक ख़ास ढंग में
या अपने किसी सही वक़्त में
हो जाता कद्दू की तरह

तभी खनकीं चूड़ियाँ अँधेरे में
कितने हल्के से उठाया या हिलाया होगा
हाथ, पता नहीं कौन-सा किसने

मेरा पाँव टकराया मेज़ की टाँग से
उस पर कितनी चीज़ें हैं कौन-कौन सी
क्योंकि तुम्हारी होने से मेज़ उस पर
मेरी नहीं हैं चीज़ें...

तुम्हारे कमरे में होने से
अँधेरे के भीतर एक और अँधेरा है
जो किसी और का होने से मेरा नहीं है
अपने अँधेरे में होता कितना आसान
ढूँढ़ पाना चीज़ों को
घूम आना चौके तक पीकर मटके से
ठण्डा पानी अँधेरे को दोस्त की तरह थपथपाना···

यहाँ औरों की उपस्थिति से
कितना गाढ़ा हो गया है अँधेरा बेजान
जैसे गुम जाने के बाद वायलिन
खाली पड़ा हो नंगा विराट शीशम का टेबल···

और हाथ मेरे दोनों हो गए जाम
नाहक हो गयी आँखों को आज़ादी
कुत्ता तुम्हारा शिबू गुर्रा रहा
न जाने किधर
सब चुपचाप कब तक
बाहर मूसलाधार पानी
अँधेरे में···

एक आदमी

एक आदमी कुएँ की जगत पर
पाँव टेके खड़ा है
कितने बड़े एकान्त में
एक आदमी अकेला
ताज़ी बिखरी हुई
काली मिट्टी के खेतों के बीच
बादलों की रंगबाज़ी भाँपता
अनन्त हरियाली को
दोनों आँखों की ओक से पीता हुआ
ढोर डंगर एक भी नहीं
एक भी उड़ता परिन्दा तक नहीं
आकाश में कितने भारी भरकम बादल
और सिर्फ़ वह एक आदमी
बीच-बीच में अँगुलियों से अपनी
मूँछों को जाँचता हुआ...
मैंने ट्रेन की खिड़की से इतना ही देखा
और दहशत से भर गया
उसने सिर्फ़ एक उड़ती-सी नज़र डाली
और बादलों की रंगबाज़ी में उलझ गयी
जैसे उसके अनन्त विस्तार में से
एक मक्खी उड़ गयी !

बाढ़

दोनों बच्चियाँ सो रही हैं
छोटी मेज़ में ओठों के कोने पर हँसती हुई
बड़ी बड़बड़ाती–
पापा बाहर मत जाना
मत जाने दो–पापा को उधर···

बाहर
हवा के पेट में
पानी बज रहा है,
पानी हवा के कन्धों पर
चढ़ रहा है,
मेरा मस्तिष्क तुम्बी की तरह
पानी में हिचकोले खा रहा है···

तुम सोच को उतार कर फेंक दो
साड़ी की तरह–
तुम भय को कद्दू की तरह
दचीक कर
फोड़ दो और
बताओ हँसकर,
मंझरात
फोड़ दो पेट हवा का
हँसी से
दराती और घास की पिण्डी
पानी में

बह रहे हैं
कितने शब्द

तुम,
कनु से कह दो
पापा यहीं है फ़िलहाल
पर
हमेशा कोई नहीं रह सकता
बाहर–

चादर खिसका दी छोटी ने
मच्छरों को हिदायत
नहीं है
अनु को न काटने की
उढ़ा दो...

शाम को सड़क पर एक बच्चा

शाम को सड़क पर
वह बच्चा
बचता हुआ कीचड़ से
टेम्पो, कार-ताँगे से
उसकी आँखों में
चमकती हुई भूख है और
वह रोटी के बारे में
शायद सोचता हुआ···

कि चौराहे को पार करते
वह अचकचा कर
रह गया बीचों-बीच सड़क पर
खड़ा का खड़ा,
ट्रेफिक पुलिस की सीटी बजी
रुकी कारें—टेम्पो—स्कूटर
एक तो एकदम नज़दीक था उसके
वह यह सब देख बेहोश-सा
गिर पड़ा,

मैं दौड़ा—पर पहुँच नहीं पाया
कि उसके पहले उठाया उसे
सन्तरी ने कान उमेठ
होश-जैसे में आ,
वह पानी-पानी,
कहने लगा बरसात में
फिर बोला बस्ता मेरा···

तभी धक्का दे उसे
फुटपाथ के हवाले कर
जा खड़ा हो गया सन्तरी अपनी छतरी के नीचे

सड़क जाम थी जो क्षण भर
अब बहने लगी पानी की तरह
बच्चा बिना पानी के
जाने लगा घर को

बस्ते का कीचड़ पोंछते हुए…

फ़िलवक़्त

पत्थर के घोड़े के पास
खड़ा हुआ बच्चा
गुड़-धानी के लिए चीख़-चीख़ कर रो रहा है
और उसकी माँ लीद के लिए टोकनी सँभाले
घोड़ा-गाड़ियों की ओर पुलकित होकर
निहार रही है···

मेरी नफ़रत और नापसन्द उजागर है
मैंने माणिक चौक थाने के सामने बैठकर
चोरों के लिए चाबियों के गुच्छे तैयार नहीं किए
कोई मुझसे क्या जानना चाहता है ?

रोटी-पानी के लिए दाड़की की जुगाड़ में
खड़े हैं लोग-लुगाई रानी जी के मंदिर के सामने
पुलिस गाड़ी का ऐलान सुनते हुए
"महकमा ईनाम देगा उन्हें
जो सट्टेबाज़ों-चोरों-उचक्कों का
सुराग़ लेकर पहुँचेंगे थाने–"
पुलिस-गाड़ी की इस कातर गुहार को सुन
खद-खद हँसती हैं अनपढ़ औरतें कहती हुई–
'गाज क्यों नहीं गिरती कुकरमों के माथे'–
चुप हो जातीं फिर हठात्
ख़ाकी आँखों की खूँखार निवेदन भाषा बीच···

तोंद तक हिलने लगी हँसी से
तो कद्दू काटती सेठानी भी हेरने लगी विस्मय से

बड़ी फज़र हँसते देख अपने पति सेठ को
जो पढ़ रहे थे प्रधानमंत्री का संदेसड़ा
हिये में करुणा जगाता–
'चीज़ों के दाम का निरोध-अनुरोध'
अभी डहके थे शेर की तरह नौकर पर
अब क्रोध गायब हो गया
उस निर्भय की ख़बर-रोमांच से,

पुल के पास बहने लगी दूध की नदी अकस्मात्
अब चाय कैसे बनेगी कविराज हुकुमदास काढ़ा
कैसे उबालेंगे
पानी था अधिक
जाँच का एक बिन बहता हुआ दिन था आज
नमूने की नमूने बतौर पकड़ का,
इंस्पेक्टर का भी फर्ज़ होता है
हाथी को निकालकर कोई दिन चूहे की दुक घसीटने का
बहा दिया दूध गाड़ी वालों का
टंकियाँ ठन-ठन गोपाल मन-मगन भजती
खुश हैं टके-सी दुम पकड़ा देने के बाद···

कविता का शब्द
टंकार और झंकार को तोड़कर
अड़ा है करुणा ग्राम में नहीं
सड़क पर पत्थर तोड़ती उस औरत के पास
जो गिट्टियों के बीच बैठी थी एक दिन निराला की कविता में
आज तक उसका पसीना सूखा नहीं
आज तक उसकी वह दृष्टि आकाश में छाई हुई,

किसके पास है वह पंख, हो जिसके, वह हो खड़ा
सब के बीच दिखाए मय सबूत के

सुरख़ाब की क़सम खाकर ठोक खम
फिर उगाए उसकी राख से वह फ़सल
जिसका तराना तर्ज़ गाने की में मढ़ कर पेश किया था–
'कि अपराध होगा जनता जनार्दन की गरदन बचाना
बैठे रहो गुपचुप शब्दों को छिपाकर ठण्डी राख में
तो बच रहेंगी हड्डियाँ'...

अब सड़कों पर आवाजाही बढ़ती जा रही है इस वक़्त
और सुअर के दर्जनों बच्चे खुद तैनात रत हैं सफ़ाई कर्म में
यह खुश ख़याल आकाशवाणी ने दिया मस्तिष्क को
कि रौनक का चेहरा शहर पहनेगा पाँच साल बाद
क्योंकि नर नाहर नगर मंत्री की वृहत्तर
नगर कामना है यह, पर अभी भैंसें गोबर कर रहीं
धनजी के नोहरे में संस्कृति के उस्ताद जैसे
करते हैं संस्कृति भद्रजनों की ठिठोली सभा में,

रात का दुःस्वप्न याद करना अपमानजनक होगा
यह ज़ख्म दिखाना पृथ्वी का वक़्त को
क्या कहेंगे लोग सब जो उम्मीदों को
जीत का तमग़ा पहनाकर जागे हैं सूरज के साथ
जो झुकी हुई गरदनों पर परचम की लकदक भाषा
उढ़ाकर, गदराये मौसम का जश्न पीताम्बरदास की तरह
मनाने को बेताब...

स्वगत कथन है यह मेरा
आकाश की ओर देखकर ही समझो–
शव-परीक्षा हुई थी रात नींद के बीहड़ में
खुर्राट सपनों की मेज़ पर जिसकी
वह बच्चा उस वक़्त तक भी ज़िन्दा था
जब जर्राह ने चीर दिया था उसका उदर

जंग लगे चाक़ू से—वह भूखा था और
जन-गण-मन के शब्द टुकड़े अटके रहे थे
उसकी श्वास नली में, जिसके कारण अचेत वह
हो गया था धूप में, जहाँ मंत्री जी के इन्तज़ार में
कई घण्टों से खड़े थे सब बालक-वृन्द
वह अटेन्शन खड़ा था और वैसा ही गिर पड़ा था।,

मुझसे क्यों पूछेगा कोई
जवाबदेही का सूचना ठेका जिसके पास हो
बतावे वह, उस दिन कहाँ थे सब डॉक्टर,
पुलिस अफ़सर—जिले के राजा कलक्टर-कमिश्नर
कहाँ थे सब जब शराब पी पीकर मिलावटी
ढेर हो रहे थे एक के बाद एक सैकड़ों लोग···

कौन महाराजा क्यों पधारा था जिसकी पच्चीसों फ़ोटो
छाप प्रसन्न थे मालिक अख़बार
थे गद्‌गद् सम्पादक-पत्रकार फिर भी खिन्न शायद
कि उनकी हज़ामत बनते वक़्त की फ़ोटु नहीं थी
आ पाई पकड़ में।

फ़िलवक़्त आग़ बम्बे की घंटियों से झनझना रही है
नसें तक शहर की और सब झारी तालाब की दिशा में
उलट रहे हैं पनिया पंत बनी आदम···
सौभाग्यकांक्षिणी हुई थी जो दो माह पूर्व
उसी की पानी में फूल कर डोम हो ऊपर आयी देह को देखने,
दहेज न लेने की क़सम खा ली थी उत्साह में
पर खसम बनते ही दुखी हो गया था धरमदास
उदास-मुरदा लगता। उसके दुख के कपाट खोलने

अमावस की बरसती रात जीवन के अंतिम एक सूत्री
कार्यक्रम मृत्यु को समर्पित हो गई हताश वनिता
काँटों की बागड़ से निकल कर।

इस वक़्त नदी के गर्भ से निकलकर आए पत्थरों की गंध
और तपती हुई हवा की भट्टी में पकता हुआ आतंक है
और मेरा मस्तिष्क है हज़ारों खबरों को ग्रहण करता
उन्हें चींथता-निर्वसन करता और उनमें छिपे भय को
धूप में पहचानता हुआ और मेरी जिह्वा है
कुछ ख़ौफनाक शब्दों की दरांती में अटकी हुई,

पर एक गर्भवती औरत है सड़क पर
हँसती हुई
हवा में उसकी हँसी आतंक के ख़िलाफ़
कितनी बड़ी राहत है
उसके गर्भ की हलचल धूप में यहाँ तमाम
फूहड़ चीज़ों के विरुद्ध कितनी बड़ी उम्मीद है इस वक़्त।

चीते को ज़ुकाम होने से

बच्ची पूछती है–
पापा चीते को ज़ुकाम हो जाएगा तो
वह कहाँ जाएगा
क्या ऐसा हो सकता है पापा,

मैं कहता कुछ नहीं हूँ
सोचता हूँ
इस्पात के बीहड़ सपनों को देखते-देखते
कितनी थक गयी हैं आँखें
ईंट के भट्टों के पास
बैठे-बैठे तप गये हैं कितने दिन

अब बच्ची के सोच में
यह जो ज़ुकाम से पीड़ित है चीता
सचमुच होगा दयनीय बेहद
शायद अधिक खाने से हुआ हो ऐसा

वह अब पूछती है–
क्या चीता खाँसता-छींकता है
मैं कहता हूँ–
हाँ, मैदान काँपते हैं
खोह झन्ना जाती है
वन संकट में पड़ा हुआ
शायद दावाग्नि की
चपेट में आ जाये सब कुछ–

वह हँसती है
पूछते हुए–
क्या चीता माफ़ी नहीं माँग सकता ?
उसके उपाय से
चकित कह उठता हूँ मैं–
हाँ, यही ठीक है
तो काठ की चिड़ियाओं
मिट्टी के वन्य पशुओ
देखो
आज खुद चीता माफ़ी माँगता है

बच्ची हँसती है
मज़े में
उड़ती चिड़िया जैसी
कहती है–
जाओ माफ़ किया चीते को
अब ज़ुकाम ठीक हुआ उसका

मैं उसकी खुशी से स्तब्ध
सोचता हूँ
अब इसे कैसे समझाऊँ
कि गद्दी नशीन होते ही भयावह ढंग से
हिंसक हो जाते हैं जब गिड़गिड़ाते हुए मेमने
तो यह तो चीता है
कितना भूखा हो जाएगा
ज़ुकाम ठीक हो जाने के बाद।

बच्चे के खो जाने के बाद

बाबू पुराना दोस्त अपना
छुट्टियाँ होने से पूछने गया तो
वृद्ध पिता ने उसके बुलाकर
झुर्रीदार चेहरे और काँपते हाथों से ज़्यादह
अपनी ढूँढ़ती हुई आँखों से चकित कर मुझसे कहा–
"आओ और एक बात पूछता हूँ बताओ
यदि तुम्हारा बच्चा
कभी कहीं खो जाए
क्या करोगे तुम ?"

इस ऊबड़-खाबड़ प्रश्न और उनकी
थर्राती आवाज़ पर दचके खाते मुझे लगा
जैसे मेरी देह पर सैकड़ों कनखजुरे रेंग रहे हैं

घबरा कर गरदन पर हाथ फेरते
जैसे-तैसे मैंने कहा–
"साइकिल उठाकर ढूँढ़ता-फिरूँगा
बड़की चौकी की तरफ़ से
माणिक चौक आकर
सराफ़े के गँदले मुहाने
उसके सभी ठिए-ठिकानों तक"

बीच ही में टोक कर उन्होंने कहा–
"शाबाश, अच्छे पिता हो
बहुत ठीक पर इस पर भी नहीं मिला तो..."

मैं ज़ुबान को थूक से तर कर
शब्दों पर चाबुक फटकारते कहने लगा–
"अख़बार में विज्ञापन...पर
उसके पहले सदर बाज़ार थाने में रपट..."
तभी उनके चेहरे पर
कड़वाहट देख मैं चुपाने लगा तो वे बोले–
"बच्चा चाहे छोटा हो या बड़ा
बच्चा ही है मैं किस थाने जाऊँ

देखो तुम्हारा दोस्त बाबू अब
ख़त नहीं भेजता न आता
अपनी औरत का ग़ुलाम
बूढ़े दिनों से मुँह चुराता माठुचंद..."
और फिर बाबू की निजी दिक्क़तों के पक्ष में
मेरा मुँह खुलने के पहले–
"कहाँ गया बाबू
खो गया मेरा बच्चा
मशीनों के बियाबान में
जोरू का पेटीकोट"
कहते हुए वे फफक-फफक कर रोने लगे

बाबू की माँ ने उनसे कुछ कहा
और वे आँखें पोंछते भीतर चले गये...

मैं तपती हुई सड़क पर चलने लगा
बेहद अकेला
मुझे लगा आज मैं भी बाबू हूँ
काँटेदार दिनों में उलझा हुआ
और कल एक दिन मुझे भी करना है विलाप
इसी तरह कलपते हुए
अपने बच्चों के खो जाने के बाद।

हम चुपचाप खड़े थे

बहुत दिनों बाद बाबू का सड़क पर मिलना,
फ़रवरी के आख़िरी हफ़्ते में
धूल और सूखी पत्तियों के बीच
बचपन के बसन्त के हँसने की तरह था···

पर बाबू को देखना
एक पूरे पतझर में गिरफ़्तार
मैदान में अलग-थलग खड़े
अकेले पेड़ को देखना था,

एक मज़बूत गठान जितनी मुश्किल से खुलती है
उतनी ही दिक्क़त के बाद
पर फिर वह खुला
खटकेदार चाक़ू की तरह
बोलते हुए–
"तेरी कविता में एक दिन था मैं माठूचंद
मैं खो गया था अपने बाप के लिए
आज तेरा बाबू अपने से ही खो गया है···"
और फिर नुक्कड़ पर खड़े-खड़े
वह बेटी की होने वाली शादी
बाप के रवैये और इल्ज़ाम के बारे में
कहने लगा···

दूर गुफ़ाओं से निकलकर आ रहे शब्द
कैंची की तरह एक-दूसरे को काट रहे थे
और ट्रैफ़िक की आवाज़ों और पहिये के नीचे
हमारी दोस्ती के कुचले हुए बचपन को
अपनी निस्तेज आँखों से देखते हुए
हम चुपचाप खड़े थे...

समुद्र की दिशा में

मैं समुद्र देखने के लिए दौड़ने लगा
मेरे फेफड़ों में दरख़्तों की सरसराहट थी
दूर आकाश और ख़जूर के पेड़ों के बीच
कितना पानी जैसा झलमला रहा था
शायद वह पानी नहीं पौ फटने की रोशनी थी
समुद्र अभी दूर था।

एक अजनबी गाँव में जागकर
समुद्र के लिए मैं
धान के खेतों के बीच था
तभी रास्ते में
एक नाला कीचड़ भरा-सा सामने
आ अड़ा
और एक आदमी नंगे पैर जो लँगोट पहने हुए था
अपने पचास के बदन के साथ
कीचड़ में फदफद करता
हँसिया हाथ में लिए
पार हो गया।

मैं अपने जूतों और पैंट की तरफ़ देखते हुए
बहुत देर तक खड़ा रहा,
तब तक वह आदमी जंगल के साथ
समुद्र के निकट पहुँच रहा था
उसके हँसिए पर चमकती हुई धूप
टकरा रही थी
मेरी पुतली से।

और अब मेरी पीठ थी समुद्र की तरफ़
मैं वापस लौट रहा था सोचते हुए
इस वक़्त उसी आदमी का है समुद्र और जंगल
पर मेरी आँखों की चमक भी तो उसकी है
चमक के इस, ख़्याल के साथ
मैं फिर समुद्र की दिशा में मुड़ा
और इस बात मेरे हाथ
जूते के तस्मे खोलते हुए
थिरकने लगे।

महाबलीपुरम में (एक)

सूरज की तेज़ धूप पत्थरों को
कुरेद रही है
समुद्र का पानी पत्थरों को
थरथरा रहा है

ठण्डी हवा मुझे
बहुत दूर पहुँचा रही है

यहाँ कभी उत्सवों के दिन रात थे
वहाँ तुम दोपहर में सोई हुई होगी,

इधर पत्थरों के रथ रेत में
धँसे हुए
गोपुरम् का मस्तक दूर
समुद्र में झिलमिला रहा

मैं अब तुम्हारे लिए सुन रहा हूँ
समुद्र और हवा का संवाद
तुम्हारी आँखें चमक कर मेरे भीतर
देख रही हैं चटकीला आकाश

आकाश के एकान्त को रौंदता
जा रहा है एक जेट यान

धूप में खिल गयी है तुम्हारी हँसी

आया था तब बेहद अकेला था
मैं इतने बड़े समुद्र के पास
और अब मेरे सामने कितना
अकेला है यह बेचारा समुद्र

महाबलीपुरम् में (दो)

अकेला भटकता हुआ मैं
रेत और समुन्दर के बीच
सिर्फ़ पत्थरों के संगीत को सुनते हुए

शताब्दियों का अतीत
और उतनी ही स्मृतियाँ

एक पत्थर का हाथी मेरे आगे
एक पत्थर का शेर मेरे पीछे
मैं माँस का धड़कता हुआ
एक छोटा-सा फूल इस तपती हुई
रेत पर

मेरे होंठों पर
समुद्र का खारा स्वाद
मेरी त्वचा पर धूप का गुनगुना हाथ
और मेरी जेब में कुछ पत्थर हैं
जो समुद्र नें दिए मुझे
तुम्हारे लिए।

माँ जब खाना परोसती थी

वे दिन बहुत दूर हो गए हैं
जब माँ के बिना परसे
पेट भरता ही नहीं था
वे दिन अथाह कुएँ में छूट कर गिरी
पीतल की चमकदार बाल्टी की तरह
अभी भी दबे हैं शायद कहीं गहरे

फिर वो दिन आए
जब माँ की मौज़ूदगी में
कौर निगलना तक दुश्वार होने लगा था
जबकि वह अपने सबसे छोटे और बेकार बेटे के लिए
घी की कटोरी लेना कभी नहीं भूलती थी

उसने कभी नहीं पूछा
कि मैं दिन भर कहाँ भटकता रहता था
और अपने पान-तम्बाकू के पैसे
कहाँ से जुटाता था

अक्सर परोसते वक़्त वह
अधिक सदय होकर
मुझसे बार-बार पूछती होती
और थाली में झुकी गरदन के साथ
मैं रोटी के टुकड़े चबाने की
अपनी ही आवाज़ सुनता रहता।

वह मेरी भूख और प्यास को
रत्ती-रत्ती पहचानती थी
और मेरे अक्सर अधपेट खाए उठने पर
बाद में जूठे बर्तन अबेरते
चौके में अकेले बड़बड़ाती रहती थी
बरामदे में छिपकर
मेरे कान उसके हर शब्द को लपक लेते थे
और आख़िर में उसका भगवान के लिए बड़बड़ाना
सबसे खौफ़नाक सिद्ध होता
और तब मैं दरवाज़ा खोल
देर रात तक के लिए सड़क के
एकान्त और अँधेरे को समर्पित हो जाता

अब ये दिन भी उसी कुएँ में
लोहे की वज़नी बाल्टी की तरह पड़े होंगे

अपने बीवी-बच्चों के साथ खाते हुए
अब ख़ाने की वैसी राहत और बेचैनी
दोनों ही ग़ायब हो गयी हैं

अब सब अपनी-अपनी ज़िम्मेदारी से खाते हैं
और दूसरे के खाने के बारे में एकदम निश्चिन्त रहते हैं
फिर भी कभी-कभार मेथी की भाजी या बेसन होने पर
मेरी भूख और प्यास को रत्ती-रत्ती टोहती
उसकी दृष्टि और आवाज़ तैरने लगती है

और फिर मैं पानी की मदद से
खाना गिटक कर कुछ देर के लिए
उसी कुएँ में डूबी
उन्हीं बाल्टियों को ढूँढ़ता रहता हूँ।

बैल की परछाईं में गड्ड-मड्ड चेहरा

ठंड दोपहर में भी चेहरे का पता पूछ रही थी
और मझोले क़द का वह काला आदमी
लान तैयार करते हुए नाखुश नहीं था

कटे पाजामे की घुटने तक चढ़ी और
सीने की काँटेदार हवा से मुलाक़ात कराती आधी आस्तीन की
कमीज़ के साथ फट्टल मटमैली सफ़ेद टोपी
पता नहीं उसकी कौन-सी मज़बूरी थी

गर्मियों के पहले लान तैयार हो जाएगा
आज के जाड़े में उसकी यही आँच थी और
खुशी भी, हुक्म भी यही था
जिसके बाहर न उसका कोई आकाश था
और न कोई चिड़िया जो
हुक्म की दीवार में सेंध लगा सकती
मई की शाम को भी
जब यह लान शिकस्त देगा एक दिन
तब भी उसके मुक़द्दर की गुफ़ा में
वही दमघोंट अँधेरा होगा

उस वक़्त वह गेती की तरह गुज़रते दिसम्बर की
मिट्टी में खुद तेज़ हलचल था
बरसों से तहस-नहस थी उसकी ज़िन्दगी
बग़ीचे के लिए जबकि एक भी फूल उसको
नसीब नहीं था
फिर भी ताज़्जुब यही वह नाखुश नहीं था

मैं सोच रहा हूँ
उसकी यह खुशी के बीज छिपे हैं
न जाने किस साजिश में
कब बग़ीचे के कन्धों पर
फ़व्वारा बन झपटेगी फूटकर उसकी नाराज़ी,
या कब सपना देखेंगी उसकी आँखें–
वह बीवी-बच्चों के साथ पी रहा चा
अपने खून-पसीने से तैयार किए लान पर

किन्तु वह अब रोलर फिरा रहा था
और उसके दाहिने पैर के अँगूठे का खून
रिस रहा था काली मिट्टी की देह में
उसकी आँख हरा ग़लींचा देख रही थी
बरसती हुई आग के नीचे जेठ की हथेली पर

मैं सोच रहा हूँ
इस हरे ग़लीचे के नीचे छिपा उसका गाढ़ा खून
उसे और कब तक नज़र नहीं आएगा
बैल की परछाईं में गड्ड-मड्ड आदमी का चेहरा
वह और कब तक नहीं ढूँढ़ पाएगा।

पवित्र बिल्ली

पवित्र बिल्ली कोई प्रतीक नहीं है
न मैंने उसे कभी सपने में भी देखा इस क़दर
पवित्र विश्लेषण भले ही शक़ पैदा कर दे
यह कोई ठोस साबित बिल्ली भी नहीं है

बिल्लियों को मैंने कभी ध्यान से देखा होगा
पर इस बाबत मुझे कोई मुग़ालता नहीं है
उनके गद्दीदार पंजे सब कुछ टोहती हुई
चमकदार आँखें मुँह के पास नुकीले बाल
कमज़ोर को दबोचने और हमलावर से बचने के मामलों में
उनक कमाल की चपलता
और घाघ औरतों की भी थोड़ी-सी असावधानी का
भरपूर फ़ायदा उठा लेने वाला उनका चरित्र
इन सब में इस वक़्त मेरी कोई दिलचस्पी नहीं है

फिर भी पवित्र बिल्ली कहते हुए मेरी आँखें
इधर-उधर ढूँढ़ने लगती हैं
और पवित्र बिल्ली सोचते हुए मैं
समय के सफ़ेद इलाके में प्रवेश करने लगता हूँ
सफ़ेद दीवारें, सफ़ेद ईश्वर, सफ़ेद घंटियाँ
सफ़ेद आवाज़ें
और सफ़ेदी धब्बों में तब्दील होने लगती है
पर पवित्र बिल्ली जैसा कहीं भी कुछ भी घटित नहीं होता

अगरचे उस दिन न्यायाधीश मित्र ने
उस तरह से नहीं कहा होता

या वे सिर्फ़ मित्र होते न्यायाधीश नहीं
तो मैं भी इस वक़्त अपनी निश्चिन्त और
आदतन दिनचर्या में मशगूल होता
बरी रहता पवित्र बिल्ली के बेहूदे ख़्याल से
मेरा जुर्म सिर्फ़ यही तो था
कि मैंने उनसे रोज़ दूध के ग़ायब होते रहने के बावजूद
चूहों द्वारा तहस-नहस की जा रही क़िताबों के बारे में कहकर
इस दोहरी तबाही का रोना रोया था
वे चाहते तो हँसकर निपटा सकते थे या चुटकी बजाकर
पर उन्हें गंभीर होना ही था इसलिए इस ना कुछ को
उन्होंने मुक़दमा दायर करने की तरह लिया
खड़े हो गएक एकदम और कहने लगे–
"बिल्ली अपराधी नहीं है, चूहों के बाबत
कार्रवाई की जा सकती है पर दूध के मामले में
सीधे तुम अपराधी हो क्योंकि मस्तिष्क और युक्तियाँ
दोनों ही तुम्हारे पास हैं ऐसी हालत में
बिल्ली को इस कीचड़ में घसीटकर तुम बच नहीं पाओगे"

दरअसल अब यह कानूनी नहीं नैतिक उलझन थी
और मेरा दूध हड़पती बिल्ली के लिए
मैं चन्दन का इन्तज़ाम कैसे कर सकता था
चेतावनी के दायरे में मुझे पटक उनको
अकस्मात् जाते देख शक़ हुआ
कहीं इसमें इनका भी न हाथ हो

पर तभी बिल्ली के लिए पवित्र विशेषण हाथ लग गया
और मैं उस वक़्त खुश-खुश ऊपर आ गया
मुझे क्या पता था थोड़ी देर की यह खुशी और
शब्दों का यह ख़ौफनाक जोड़ा मेरा चैन ग़ारत कर देगा।

इसीलिए मैंने कहा
पवित्र बिल्ली कोई प्रतीक नहीं है
न मैंने उसे सपने में भी देखा कभी
पवित्रता जैसा कुछ करते कहीं।

दो लड़कियों का पिता होने से

पपीते के पेड़ की तरह मेरी पत्नी
मैं पिता हूँ दो चिड़ियाओं का
जो चोंच में धान के कनके दबाए
पपीते की गोद में बैठी हैं,

सिर्फ़ बेटियों का पिता होने से
कितनी हया भर जाती है शब्दों में
मेरे देश में होता तो है ऐसा
कि फिर धरती को बाँचती हैं
पिता की कवि आँखें…

बेटियों को गुड़ियों की तरह
गोद में खिलाते हैं हाथ
बेटियों का भविष्य सोच
बादलों से भर जाता है
कवि का हृदय,

एक सुबह
पहाड़-सी दिखती हैं बेटियाँ
कलेजा कवि का चट्टान-सा होकर भी
थर्राता है पत्तियों की तरह,

और अचानक
डर जाता है कवि
चिड़ियाओं से
चाहते हुए उन्हें इतना
करते हुए बेहद प्यार।

बबुआ और ग़ुलामज़ादे

साहब का बबुआ चीं करता है
और तुम सब दौड़ते हो
कन्हैया, मोती, माँगू, उदयराम
तुम सब चारों कोनों से दौड़कर आते हो
अपने हाथ का काम छोड़कर
सुलगी हुई आधी बीड़ी फेंककर
इससे भी ज़्यादह तुम सब दौड़कर आते हो
अपनी जान छोड़ कर

साहब के बबुए में क्या चीज़ है कन्हैया
जो तुम्हें चुम्बक की तरह खींचती है

साहब के बबुए में कौन-सा जादू है मोती
जो तुम उसको नचाते
गद्‌गद्‌ होने लगते हो

साहब के बबुए में तुम बुढ़ापे का सहारा ढूँढ़ते हो माँगू
जो उसे गोद में लेकर दौड़ते
तुम चीलगाड़ी दिखाते हो

साहब के बबुए को तुम कित्ता विलायती समझे हो उदयराम
जो तुम उसके चरणों को
कंकड़-मिट्टी से दूर बचाते हो

तुम्हारे घर में भी तो हैं तुम्हारे ग़ुलामज़ादे
बिलखते-बिसूरते

क्या तुमने उन्हें इस तरह कभी गोद में उठाया
उनके कंकड़-छिदे लहू-बहते घुटनों को देखकर
तुम्हारी जान के छक्के छूटे
उनको बेबात कूटते हाथ तुम्हारे
कभी क्यों नहीं थकते
गाली देते उनको
ज़ुबान तुम्हारी कभी क्यों नहीं कटती
उनके जनम को कोसते तुमको
क्या बबुए के साथ किया तुम्हारा ज़रा भी याद नहीं आता

साहब के बँगले में खस्सी करने वाली
कौन-सी हिकमद है
जो तुम सिले होंठों से झुकते-गिरते
घोड़ा, गधा-खच्चर तक बन जाते वहाँ
पर घर आते ही जोरू पर
तुम टूट पड़ते बाज की तरह
मर्द, वास्साह ठाकुर बन तन जाते
अपने माँस के लोथड़ों खातिर
आदमी बनने में भी शर्म आती है तुमको वहाँ
मूँछें शायद इससे कट जाती हैं

कन्हैया, मोती, माँगू, उदयराम
अपनी जोरू अपने बच्चे
तुमको दुश्मन क्यों लगते हैं ?

तुम हमेशा अकेली छूट जाती हो

तुम हमेशा अकेली छूट जाती हो
बहुत पीछे
लोहे के फाटक को
संभालती हुई
तुम हमेशा रह जाती हो
उसी कमरे में
उन्हीं चीज़ों के बीच
अपनी परछाईं के साथ,

कितनी दूर तक आती है तुम्हारी दृष्टि
चोर की तरह दुबक
कितनी मुश्किल से फिर सहेजती
खाली सड़क से वापस;
पत्ते खड़कते हैं जितनी देर में
जैसे एक उम्र बीत जाती है
उत्ते बड़े अँधेरे में
ज़रा-सी रोशनी की तरह तुम
अदृश्य होती आकृति को छोड़
फिर हो जाती हो अपनी अकेली देह के साथ,

तुम कुछ नहीं हो
सिर्फ़ संगीत और भाप से रची पारदर्शी औरत
कभी-कभी तुम सब कुछ हो कित्ती ज़्यादह
ठोस अंतिम और एकमात्र
जिसके पहले न कोई स्मृति है
और जिसके बाद न क़ोई स्वप्न,

समय और सारी चीज़ों को
नेपथ्य में ढकेल कर
केवल तुम बचती हो
एक अजेय स्त्री दुर्ग की तरह
जिसमें क़ैद हो जाना ही
जैंसे मेरी नियति है,

पर, तुम बिखर कर
किसी भी क्षण
एक हँसती हुई लड़की हो
शरारत से फोड़ देती गुब्बारा बसंत का
और रंगीन फुहारों में नहाती
तुम्हारी हँसी की हंसध्वनि से
चटकने लगती टहनियाँ चुप्पी की,

फिर वही फैलने लगता
अँधेरे का महासमुद्र
बढ़ाते हुए दरम्यानी फ़ासला
तुम उधर छूट जाती
हमेशा की तरह
कुहरे में ढूँढ़ती हुई आईना
मैं इधर खोजने लगता
शब्दों को
जो जल में डूबे पत्थरों पर
लिपटी काई की तरह
दिखाई तो देते
पर हाथ नहीं आते···

लकड़बग्घा हँस रहा है

फिर से तपते हुए दिनों की शुरूआत
हवा में अजीब सी गन्ध है
और डोमों की चिता
अभी भी दहक रही है,
वे कह रहे हैं
एक माह तक मुफ्त राशन
मृतकों के परिवार को
और लकड़बग्घा हँस रहा है...

हत्यारे सिर्फ मुअत्तिल आज
और घुस गये हैं न्याय की लम्बी सुरंग में
वे कभी भी निकल सकते हैं साबुत
और किसी दूसरे मुकाम पर
तैनात खुद मुख़्यार
कड़काते अस्पृश्य हड्डियों को
हँस सकते हैं
अपनी सवर्ण हँसी...
उनकी कल की हँसी के समर्थन में
अभी लकड़बग्घा हँस रहा है...

ज़ुल्म के पहाड़ों को
पुख़्ता कर रहे हैं
कमज़ोर अस्थिपंजर
अनपढ़ आँखों में थरथराते
इतिहास के भयभीत साये
जबकि यह गाँव में

विलाप की रात है
और चारों औरतें
अपने तेरह बच्चों के साथ
छाती कूटती
फोड़ती हुईं चूड़ियाँ
अपने रुदन से
भय की छाया को गाढ़ा करती हुई…
और पागल कुत्तों के दाँत
अँधेरे के भीतर
वक़्त की पिण्डलीं पर,

तभी वह आता है
आकाश और हवा से होता हुआ
सूक्ष्म राजदूत
और देश भर के कान में
सगर्व करता है घोषणा
चारों राँडों को
बच्चों समेत
एक माह मुफ़्त राशन
तीस दिन दोनों जून
बिन चुकाए भकोस लेंगे तेरह चार
और देश के नाभि-केन्द्र में
गाँवों की सरहदों के पास
बच्चों के सपनों को आतंकित करता
लकड़बग्घा हँस रहा है…

घिग्घी बँध गयीं थी जो नदियों की
खुल गयी
दिल का दौरा पड़ा था देश के पहाड़ों को
हुआ दुरुस्त

कितनी बड़ी राहत की साँस ली
अवसन्न पड़े पठारों ने···

लाशों की राख को
ठिकाने पहुँचा
अब इस सगर्व राहत उपचार के बाद
प्रश्न उठा क्या विलायत के गोरों को
हरा देंगे हॉकी में भारत के शूरवीर ?

और मैं···
मैं फिर से खड़ा हूँ
इस अँधेरी रात की नब्ज़ को थामे हुए
कह रहा हूँ–
ये तीमारदार नहीं
हत्यारे हैं,
और वह आवाज़
खाने की मेज़ पर
बच्चों की नहीं
लकड़बग्घे की हँसी है···
सुनो···
यह दहशत तो है
लेकिन चुनौती भी
लकड़बग्घा हँस रहा है···

एक साबुत घर के लिए

इस छोटी सी यात्रा के बाद
अब मैं क्या कहना चाहता हूँ
मित्रो ? मैं सड़क पर खड़ा हूँ

अब तक मैंने बहुत कुछ कहा
और उससे चौगुना सुना और
जितना सुना उससे बहुत अधिक पढ़ा और
अब मैं और क्या कहना चाहता हूँ ?

एक मिट्टी की दीवार के पास
एक सीढ़ी लगी है न जाने कब से
और एक औरत एक आदमी
दीवार पर मिट्टी थप रहे हैं
मैं पैदा हुआ हूँ तब से

यह घर कब तैयार होगा
मैं इस घर से बहुत दूर हूँ
पर इस घर के बने बिना उतना ही अधूरा हूँ

मैं ज़ोर-ज़ोर से चीख़ कर
'एक साबुत घर' कहना चाहता हूँ
मैं अपनी कविता को घर नहीं बना सकता
मैं अपनी कविता से लकड़बग्घे की हँसी तोड़ कर
उसका डर भगा देना चाहता हूँ
जो इस घर को पूरा नहीं होने देता,

वह अधूरा घर
चीज़ों, बातों और जगहों के
हर मोड़ और मुकाम पर
एक खटकेदार चाकू की तरह
खटाक से खुलता है मेरे भीतर
और मैं नदी, जंगल और दुश्मन कहना चाहता हूँ
पर नदी पार कर
जंगल में धँस आग की रोशनी में
दुश्मन का चेहरा पहचानते लोग
कहीं नहीं दिखते

सिर्फ़ सीढ़ी पर खड़ी हुई
वह औरत दिखती है घर छाबती हुई
और वह आदमी तड़की हुई ज़मीन पर बैठे बच्चों को
चूसने के लिए राड़े का छिलका थमा
ईंट-पत्थर के टुकड़े बटोर
सीढ़ी के पास खड़ा हो जाता है,

इस छोटी-सी यात्रा के बाद
मैं अभी इस अधूरे घर के बावजूद
पृथ्वी कहना चाहता हूँ
पृथ्वी जो करोड़ों फूलों को पैदा करती है
और ख़ून में नहाती है
पृथ्वी के साथ जुड़े ख़ून के इतिहास को
पोंछते हुए अब मैं बसंत कहना चाहता हूँ
बसंत जो मेरी पृथ्वी की आँख है
जिससे वह सपने देखती है
मैं पृथ्वी का देखा हुआ सपना कहना चाहता हूँ
यही सपना मुझ में कविताएँ उगाता है

अपनी इस छोटी-सी यात्रा के बाद
मैं थिरकती हुई पृथ्वी पर
खिलते हुए बसंत के बाद
उस साबुत घर के सपने की
कविता सौंपना चाहता हूँ
जिसे पूरा करने की कोशिश में
उस औरत की ओढ़नी
बदरंग पैबन्दों का इतिहास बन गयी है
और वह आदमी अपने पके हुए बालों के साथ
अब अपने बेटों के बच्चों को चूसने के लिए
राड़े के छिलके थमा रहा है।

तुम (चार)

पहुँच से कितनी बाहर
खिसका दीं चीज़ें तुमने
कुछ भी नहीं कहती मुझसे
इस वक़्त घड़ियाँ-तिथियाँ
त्यौहार-अख़बार
कुछ भी नहीं कहते,
दीपा ! तुम्हारे हाथ की जकड़ में
कितना असहाय है यह सेब
कितनी प्रसन्न और हिंसक है चमक
तुम्हारे दाँतों की,

तुम निःशब्द कितना कहती हो मुझे
जैसे मैं पढ़ता हूँ भाप के आईने में
आकाश को लिखती हुई कविता
सन्नाटे में उड़ती हुई
एक चिड़िया आ गयी है पता नहीं कहाँ से
एक गुप-चुप पेड़ सितार की तरह बज रहा है,

असंख्य आईनों में क़ैद
दीप्ति-बिम्बों को तुम फ्यूज़ कर देती हो
अपनी मौजूदगी से
फिर तुम सौंपती हो कैसा
विस्मयकारी अंधकार
जिसमें बस आँखें चमकती हैं
बुझ जाती है शोकमग्न होकर दुनिया,
सचमुच तुम्हारे अस्तित्व की आँच में

तड़क गयी हैं तमाम चीज़ें
मैं साबुत पता नहीं कैसे,
तुम्हारे दाँतों के बीच
सेब कितना दयनीय हो गया है।
तुम कितनी हिंसक
चीज़ों को चाक करती हुई
मैं कितना ख़ुश
इस आग में नहाता हुआ।

पेड़

सड़कों के हाशिए
या मकान के अहातों में खड़े पेड़
अक्सर बेहद शालीन-आज्ञाकारी
और कभी-कभी बेहद पालतू नज़र आते हैं

मनुष्य का स्पर्श
उन्हें पेड़ होने की गरिमा से
थोड़ा दूर खिसका देता है
जबकि दरख़्त आदमियों के बीच होकर
उन्हें थोड़ा आदमीपन के नज़दीक
लाने की कोशिश करते हैं

पेड़ों का हरापन मनुष्यों की
भूरी-भुरसट दुनिया में
निचाटपन के विरुद्ध
पानी की हलचल है
पानी के हाथों की तरह
पेड़ों की टहनियाँ
लगातार हिलती हैं
और पत्तियों की स्निग्ध भाषा
आदमी की आँखों को
बंजर होने से रोकती है

पर आदमी पेड़ों की पसलियों
तक से वसूल करता है
और काठ की दो-तीन चिड़ियाँ

सफेद दीवार पर ठोंक देता है
जबकि पेड़ चिड़ियाओं को
निरन्तर अपने कन्धों पर
बिठलाते हैं
ताकि आदमियों के
बच्चों की दिलचस्पी का दरवाज़ा
खड़कता रहे
और दूध के दाँतों के टूटने से पहले ही
उनके कान
संगीत के लिए बहरे नहीं हो जायें

पर पेड़ पहाड़ों पर
बबर शेर की तरह
शान से खड़े रहते हैं
और आदमी की मौजूदगी
उन्हें और भी बड़ा पेड़ बनाती है

फिर भी आदमी बौना नहीं लगे
इसलिए पेड़ अपनी टहनियों को झुका देते हैं
और बच्चों को फल
स्त्रियों को फूल
और चाहने पर प्रेम के लिए
छाँह के अलावा
थोड़ी-सी आड़ भी देते हैं।

काली लड़की

वह शीशम के सबसे सुन्दर फूल की तरह
मेरी आँखों के भीतर खुप रही थी
अपने बालों में पीले फूलों को खोंसकर
वह शब्दों के लिए ग़ैरहाज़िर
पर आँखों के लिए मौज़ूद थी

मैं बोलता जा रहा था
पर शब्द जहाँ से आ रहे थे
वहाँ एक दूसरी ही लड़की एक नदी थी

और यह सामने बैठी हुई लड़की
उस नदी से लेकर
एक बैंजनी फूल मुझे दे रही थी
और यह फूल
एक तीसरी ही लड़की का नाम था

और यह सब करते हुए वह
एक-दो-तीन नहीं
हज़ारों दिनों को तहस-नहस कर रही थी

जगहें

हम कहीं जाते हैं
और उस जगह से
फिर और कहीं जाते हैं।
फिर हम छोड़ी हुई जगहों पर
लौटकर वापस क्यों आते हैं

जगहें हमारे भीतर कुछ रख देती हैं
या हम ही अपने भेद
गाड़ आते हैं वहाँ
सोचें तो भाषा के बिना
जगहें हैं
पर जगहों के बिना हम कहाँ हैं
और क्या
इसीलिए जगहों को सूँघा जा सकता है
वे कोलाहल में भी सुनाई
और अँधेरे में भी दिखाई देती हैं

पर हमें जानना चाहिए
हम किस जगह हैं
उस जगह के दिल में
रोशनी है या अँधेरा
और जगह हमें विलाप सौंपती है
या उसे बेहतर बनाने का सपना
क्योंकि भात खाना हो या प्रेम करना
बच्चों को खिलाना या फूलों को हँसाना
कोई जगह से बाहर कैसे जा सकता है।

थोड़े से बच्चे और बाकी बच्चे

थोड़े से बच्चों के लिए
एक बग़ीचा है
उनके पाँव दूब पर दौड़ रहे हैं

असंख्य बच्चों के लिए
कीचड़-धूल और गन्दगी से पटी
गलियाँ हैं जिनमें वे
अपना भविष्य बीन रहे हैं

एक मेज़ है
सिर्फ़ छः बच्चों के लिए
और उनके सामने
उतने ही अण्डे और उतने ही सेब हैं

एक कटोरदान है सौ बच्चों के लिए
और हज़ारों बच्चे
एक हाथ में रखी आधी रोटी को
दूसरे से तोड़ रहे हैं

सिर्फ़ कुछ बच्चों के लिए
एक आकर्षक स्कूल
और प्रसनन पोशाकें हैं

बाकी बच्चों का हुजूम
टपरों के नसीब में उलझ गया है
उनकी फटी चढ्ढी

उन्हें सीधा खड़े होने से रोक रही है

ढेर सारे बच्चे
सार्वजनिक दीवारों पर गालियाँ लिख रहे हैं
ढेर सारे बच्चे बीड़ी के अद्धे ढूँढ़ रहे हैं
ढेर सारे बच्चे होटलों में
कप-बसियाँ रगड़ रहे हैं
उनके चहरे मेमनों की तरह दयनीय हैं
और उनके हाथों और पाँवों की चमड़ी
हाथ और पाँव का साथ छोड़ रही है

अख़बार के चेहरे पर जिस वक़्त
तीन बच्चे आइसक्रीम खाते
हँस रहे हैं

उसी वक़्त
बीस पैसे में सामान ढोने के लिए
लुका-छिपी करते बच्चों के पुट्ठों पर
पुलिस वालों की बेंतें उमच रही हैं

ईश्वर होता तो इतनी देर में उसकी देह कोढ़ से
गलने लगती। सत्य होता तो वह अपनी न्यायाधीश
की कुर्सी से उतरक जलती सलाखें आँखों में
खुपस लेता। सुन्दर होता तो वह अपने चेहरे
पर तेज़ाब पोत अंधे कुएँ में कूद गया होता। लेकिन…

यहाँ दृश्य में
सिर्फ़ कुछ छपे हुए शब्द हैं
चापलूसी की नाँद में
लपलपाती ज़ुबानें

और मस्तिष्क में काले गणित का
पैबन्द है

सख़्त चेहरे हैं
चौराहों पर तने हुए
पँथरों पर खुदे हुए
सुभाषित वाक्य हैं

और पाँच बच्चे तबला
बजा रहे हैं
दो बच्चे
सितार सीख रहे हैं
एक बच्ची
कत्थक में थिरक रही है

और
ढेर सारी बच्चियाँ
गोबर-लीद ढूँढ़ते रहने के बाद
अँधेरे में
दुबक रही हैं
लड़कियाँ नदी-तालाब-कुआँ
घासलेट-माचिस-फन्दा
ढूढ़ रही हैं

और इसी वक़्त
एक लड़की चेहरे की कोमलता की बावत
रेडियो से नुस्खा बता रही है

और असंख्य बच्चे
अँधेरे के बोगदे की तरफ़
दौड़ते जा रहे हैं

उनकी स्मृतियों में फ़िलवक़्त
चीख़ और रुदन
और गिड़गिड़ाहट की हिंसा है
उनकी आँखों में
कल की छीना छपटी और भागमभाग का
पैबन्द इतिहास है

उनके भीतर शब्द-रहित भय
और सिर्फ़ जख़्मी आज है

पर वे शायद अभी जानते नहीं
वे पृथ्वी के बासिन्दे हैं करोड़ों
और उनके पास आवाज़ों का महासागर है
जो छोटे-से गुब्बारे की तरह
फोड़ सकता है किसी भी वक़्त
अँधेरे के सबसे बड़े बोगदे को

कीचड़ में कमल जैसा कुछ नहीं था

सब तरफ़ कीचड़ था
कंकड़-पत्थर और ईंट के टुकड़े
हर क़दम पर गड्ढे पानी से भरे हुए
साँपों और गोयरों को गँदले पानी में तैरते
देखती हुई, भीगे हुए बच्चों की भीड़…

तभी वह लुहार का काला बच्चा
अपनी फटी हुई कमीज़ को लँगोट की तरह बाँध
कूद पड़ा नाले के तेज़ बहते पानी में
तैरते हुए कुछ ढूँढ़ता-सा
और मुट्ठी में पकड़ खींच लाया…

सब हैरतअंगेज़ सोचते-देखते
कुछ भयातुर और उत्सुक भी
तभी आ उसने पटक दी बच्चों के बीच…
एक सफ़ेद चमकती प्लास्टिक की नन्ही चप्पल,

बच्ची, जिसकी बह गयी थी यह
पा हुई खुश
किन्तु हँसने लगे सब हो-हो
पुदंगा कहकर बच्चे
वह खुद था हैरान
जाने, कब कैसे बह गयी थी
उसकी कमीज़ की लँगोट पानी में
बाप बच्ची का उसे देने को हुआ
पैसे, दस का सिक्का

आँखें फाड़ देखा उसने क्षण एक
फिर गरदन और आँखों से किया
मना—उस लड़की को देखा
गोरी-चिट्टी मक्खन की तरह
और फिर अपने को पा ऐसा
वह तेज़ी से दौड़ गया नंग-धड़ंग
कीचड़ में फदफदाता, हुआ ओझल···
सब तरफ़ कीचड़ था ठीक कीचड़ की तरह
कीचड़ में कमल जैसा कुछ भी तो नहीं था।

ब्लेड

मेज़ पर घुस आई धूप और हवा के बीच
रखी हुई है ब्लेड जब कि मेज़ पर
डबल रोटी पड़ी है ताज़े फूलों के गुच्छों के पास
इस वक़्त जब फूलों और डबलरोटी के बीच
एक गुपचुप संवाद जैसा रच रही है धूप
और एक गंध इन दोनों के बीच से
टमाटरों को छू कर आ रही है मेरे पास
किसी ने अख़बार लाकर पटक दिया ब्लेड के नज़दीक
और तभी ख़बरों के पेट में घुसती हुई
मुझे बेहद हिंसक दिखने लगी ब्लेड
इतने में तुम आयीं नहाकर बूँदें टपकाती हुई
और मेरी नज़र पड़ी फिर ब्लेड पर
जो अब बेहद कायर और दयनीय लग रही थी
जबकि उसका चमकना जारी था अभी भी
तुम्हारी हँसी, सुबह और धूप के कारण।

घोड़े का आलस्य

अपनी विस्फारित आँखों से देखते हुए
चीज़ें चाकू में बदलने लगती हैं एक दिन
और वहाँ जहाँ आदमी की फुसफुसाहटों के सिवा
किसी उड़ते हुए पक्षी की परछाईं भी थी
सिर्फ़ टापों की शिनाख़्त और एक नाल बच रहती है

दाँतों के बावज़ूद पाते हो तुम अपना
इतना पोपला मुँह कि शब्दों के बदले मुँह से
सिर्फ़ हवा की फुसफुसाहट निकलती है
और जिसे तुम बस्ती कह छोड़ आए थे पीछे बहुत
वहाँ बारिश का जंगल हहराने लगता है
और जहाँ एक चिनगारी थी कुछ देर पहले
उसी जगह जल-प्रवाह का अटूट सिलसिला शुरू हो जाता है

फिर चकित होकर देखते हो तुम
पहुँच और पकड़ के बाहर बहते हुए तुम्हारे बचपन के जूते
खपच्ची के धनुष-बाण और शब्दों की डोंगियों में
दृश्य बने भाप नहाए चेहरे, धुँधले ज़ख़्म
और फेन के बुदबुदे की तरह दिखते-बुझते कुछ नाम

तभी तुम्हारे देखने को अपने में गिरफ़्तार करते हुए
वह काला घोड़ा तनी हुई स्नायुओं और सफ़ेद चकत्तों वाले
पुट्ठों के साथ शाही चाल से तुम्हारी ओर बढ़ता आता है
एक अदृश्य शमशीर पानी के बीचोंबीच
उसके लिए कड़क सूखा रास्ता बनाती जाती है
पर जब तक वह नहीं आ पाता है नज़दीक एकदम

तुम देखते रहते हो आँखें फाड़े घोड़े का आलस्य
जैसे किसी अभी धँसी चट्टान का टुकड़ा
हवा में ठहर गया है, और तुम जानते हुए भी
कि कभी भी सड़क बेमतलब हो सकती है
पूछते हो अपने से—
कि ऐसे वक़्त भी घोड़े का आलस्य का
क्या कोई मतलब हो सकता है ?

ऐसा नहीं होता

हर चीज़
कोई देखता ही है
ऐसा नहीं होता,
कितनी ही चीज़ें हैं
जो किसी ने कभी नहीं देखीं...

एक पत्थर की तरह गड़ी हुई
मेरी चुप्पी
एक कन्दरा की तरह छिपा हुआ
मेरा आह्लाद
घास की जड़ों की तरह
न जाने धरती के किस किस हिस्से में
बिछी हुई मेरी स्मृतियाँ।

समुद्र की अतल गहराइयों में
बिन बजता हुआ गिटार
हवा की छाती पर
भर दोपहरी गाती हुई एक चिड़िया
और दूर आकाश की मटमैली मुट्ठी से
साँझ के झुटपुटे में झलकता हुआ
बचपन का पुश्तैनी चाकू,

हर समय
आधा विस्मय
आधी खुशी
और अधूरा भय
पूरी चीज़ कोई देखता ही है
ऐसा नहीं होता

महीनों बाद अपने ही घर में

बैंगन के भुरते की महक
उसकी भूख को कुरेद रही
आँखों पर हल्के डैने
नींद की चिड़िया के
थकान और ताज़गी के बीच
उसे नीली रोशनी में
डूबो रहे,

वह मुग्ध दृष्टि से देख रहा
अपनी ही शय्या—कविता की पुस्तकें
बन्द जिनमें कितने ही
फड़फड़ाते शब्द,
अजनबी की तरह किसी
ढूँढ़ रहा धुँधलके में चीज़ों के
अपनी गुमशुदा दिनचर्या,

वह कब तक नहाएगी आज
सोचते हुए मुस्कराकर थोड़ा-सा
उसने टोह ली बाथरूम की
फिर टहलने लगा
कुतरते हुए प्याज़ का टुकड़ा
और खड़ा हो गया जाकर
खिड़की के पास आकाश में देखते हुए
उसका नहाना,

स्वप्न (एक)

मैं रूमाल से
भगा रहा था चिड़िया को
कविताओं की सफ़ाई के लिहाज़ से
पर रूमाल से छू तक न पाने के
बाद भी मर कर
चिड़िया टपक पड़ी फ़र्श के बीचोंबीच

इरादे के विरुद्ध और अकस्मात् की
मृत्यु को देख कर
मैं पसीना सुखाने के लिए
खड़ा हुआ खिड़की के पास
पर मेरी नज़र पड़ते ही
एक कौवा
बाहर से मर कर
गिर पड़ा भीतर कमरे में
मेरे पाँवों के नज़दीक

इस सदमे से दुखी होकर
मैं मुड़ा घड़ी की तरफ़
वह बन्द थी
दरवाज़े की तरह
मैंने सोचा लोग कहेंगे
यह कैसा आदमी है
चिड़िया और कौवे को मार कर
सिगरेट धुनकता हुआ
पूछेंगे तो क्या कहूँगा
सोचकर

मैंने सिगरेट मसल दी
और छब्बीस जनवरी के
अख़बार में लपेट कर
दोनों लाशें
मैं सड़क पर आया
तेज़ी से चुपचाप
नज़रें बचाता हुआ
सड़क के बाद
घास के हिस्से को लाँघ कर
मैं अपने कॉलेज के पीछे वाले
हिस्से में था

पर अचरज के साथ पहली बार
देखा भूमिगत अस्पताल
जहाँ पुलिस
मरीज़ों का चालान करते
और डॉक्टर
सज़ा सुनाते हुए
विचित्र आचरण में व्यस्त थे

इस भूमिगत व्याकरण से
कतराते, बगल में
दो लाशें दबाए
मैं बढ़ा आख़िरी हिस्से की तरफ़
जहाँ राजमहल के टूटे खण्डहर
और ज़मीन पर पड़ी दरारों से
आश्वस्त हो
मैंने जानना चाहा
कोई है तो नहीं
अपनी आँखों के साथ
जो कभी मेरे कुकृत्य का

गुप्त गवाह बन जाए···

पर वह वहाँ थी
अकस्मात गुम्बद से
लगभग दौड़ कर उतरती हुई
अपनी पारदर्शी निगाहों से
पूछती हुई, वह मेरे निकट आ गयी
मैंने सच का सहारा लेकर
सब कुछ ज्यों का त्यों बता दिया
वह हवा की खुश्की
को जीभ से काट कर बोली
मैं निगरानी रखती हूँ
तुम तब तक फेंक देना तेज़ी से···

मैंने पूछा—तुम ?
वह परछाईं का न होना दिखाते
कहने लगी
मैं जीवित नहीं हूँ
अब मैं क्या कर सकता था
मैंने वहीं पटक दीं
दोनों लाशें···
वह कौवे की तरफ़ सहानुभूति से
देखते पूछने लगी
यह कौन है
मैंने कहा—मैं
क्या पहचान के बाहर
निपका दोगी मेरी हर चीज़

फिर हम दोनों
उन दोनों को फेंकने की
योजना बनाने लगे···

स्वप्न (दो)

कुहरे की सड़क पर चलते हुए
मेरी आँखें बन्द होने के लिए
छटपटाने लगीं…

हड्डियों के दरख़्तों पर
सूखते रक्त सने चिथड़ों से
डर कर मैं सीधा देखने की कोशिश
करते हुए, हड़बड़ा कर रुक गया
पर यह अन्तिम हिस्सा था, जहाँ
खत्म थी कुहरे की चट्टी और
मेरे पाँव धँसे थे घुटने तक भीतर
सामने भाप की तेज़ नदी-सी थी
जिसमें हहराकर टूट रहा था
सीढ़ियों का संसार…

आपस में टकरा रहे थे
सीढ़ियों के हिस्से खिड़की दरवाज़ों के
कपाट और ऊपर उड़ रही थीं
भयातुर कविताएँ, आँखें
जिनमें खुप से रहे थे चमकती मूठ के
लपलपाते चाकू

मेरा गाँव कहीं नहीं था
उस मटमैले घर की कोई शिनाख़्त
हो सकना असंभव जानकर
मैं ढूँढ़ने लगा पीपल का पेड़

तभी आँधी की तरह थपेड़े खाकर
गया मेरे सामने से बूढ़ा बरगद
हवा में लटके साँपों पर
झपट रहे थे रबर के बने नेवले
और मैं बन्द मुट्ठियों को खोलते
हुए याद करने लगा चेहरा
पर मनी-प्लान्ट का एक बड़ा पत्ता
न जाने कैसे और कहाँ से
उड़कर आया मेरे पास
जिस पर उमचा हुआ था
एक नन्हा पीला पंजा
जिसे देख कर पिघलने लगे
मेरे हाथ
मैं सिसकारी भरते हुए मुड़ा
और जैसे-तैसे तोड़ कर कोहरे की चट्टी
लगभग दौड़ते हुए आया वापिस
पर यहाँ भी चढ़ाव नहीं थे
पूरा शहर था
ट्रांजिस्टरों से गूँजते घरों से भरपूर
खिड़कियों में तख़्तियाँ लटकी हुई थीं
जिन पर कुछ लिखा था पहचानी-सी
भाषा में
पर मैं अब इस लिपि को
पढ़ नहीं पा रहा था
चढ़ाव के बिना मेरे लिए
मुश्किल था प्रवेश
अतः मैं बाहर की तरफ़ जाने लगा
टूटी हुई सीढ़ियाँ, आँखें, कविताएँ
और चाकुओं का खेल
देखते हुए

मैं रोने लगा
पर मनी-प्लान्ट पर छपे पंजे
का अर्थ कहीं नहीं मिला
सिर्फ़ हिचकियाँ आने लगीं
मेरे सामने
धूप के अग्निकाण्ड में
धू-धू कर रहा था पीला अमलतास
मई की गिरफ़्त में नवम्बर की तरह
हिचकी पर टिक कर
सोचने लगा
कहीं मुझे कोई याद कर रहा है···

...फिजूल है

तुम्हारे इस तरह जाने के बाद
जबकि तय है
तुम्हारा लौट आना
कितनी खतरनाक लगती है
हमारे बीच शब्दों की उपस्थिति
यह नदी या आँखों का सबूत नहीं है
न बरसात में से गुज़रते हुए
सूखे रह जाने का अनुभव
सचमुच ग़ायब कुछ भी नहीं हुआ है
पर सब कुछ पढ़ लिया गया है
और अब
सूखी पत्तियों तक को खारिज़
कर देने के बाद
गड़े हुए पत्थर के नीचे
दबे हुए वे अक्षर
देह पर
काँटें उमचाती हुई स्मृतियाँ हैं
उस शहर की, जहाँ
परिचय के बहुत पहले
वह सब कुछ ख़त्म हो चुका था
जिसे शुरुआत का स्वाद कहते हैं...
झूठ में लपेटते हुए
किसी जलते हुए घर को
बर्फ़ का टुकड़ा कहना
बहुत हो लिया
अब छिपा हुआ खंजर

बाहर है
साफ़ चमकता हुआ
जिसकी भाषा में प्रवेश
देख चुकने के बाद
ज़रूरी नहीं है
हम प्रतीक्षा करें
जिस्मों पर उसके निशान कैसे होंगे…
कुत्ते के दाँत
उसकी दबी दुम के बावज़ूद
लटकती लपलपाती ज़ुबान
और टपकती लार के साथ
सिर्फ़ कुत्ते के दाँत हैं
उन्हें हाथ पर आज़माना
और फिर
लगातार कुत्ते की सेहत पर
नज़र रखना
…फ़िज़ूल है
क्योंकि अब हर चीज़
एक्ज़िमा में बदल कर
पसर गयी है
हमारे बीच।

महाबली क्षण

बहुत लोगों को बहुत बाद में मालूम पड़ता है
कि शब्द और उनके समूह अनेक बार
पानी पर बिछी हरी कंजी की तरह होते हैं
और उनको पुख़्ता ज़मीन मान लेने का
मतलब सिर्फ़ मृत्यु होता है
धुएँ भरे काले दिनों को
निश्चिन्तता के साथ साँस लेने का मौक़ा
कह कर जो दुबक गए थे उस दिन
हँस कर वे ही आज
दूसरों को
'गिरफ़्तार' शब्द सिखा रहे हैं।
यश की दैनिक भूख के ख़ातिर
सीढ़ियों पर चढ़ने वाले बेहद सावधान क़दम
किसी भी सफ़े पर
चौकर होकर जेब और शास्त्र का
संवर्द्धन करते हैं एक साथ
उनके लिए महाबली होता है
सिर्फ़ एक क्षण
उस एक क्षण में ही वे
माथे की तरफ़ देखते हुए
दूम की तरफ़ देखते हैं
सूरज की तरफ़ देख कर
बॉस के केबिन में घुस जाते हैं
और तुरत-फुरत वहाँ से
धर्म मन्दिर को छू कर
अपनी खटिया सँभाते हैं।

उसके पायों की जाँच करते हुए
एक क्षण में
अवसर की परिक्रमा
करने वाले अजेय
इस तरह सोचते हैं अपने ही घर में
जैसे वे जेल में घट्टी पीस रहे हैं
और
अँधेरे को उन्होंने दोस्त की तरह से
कभी नहीं थपथपाया था
वे पैदाइशी सूरज के साथ हैं।

वह औरत

रेतीले मैदान के बीचोंबीच
हमेशा अपनी किसी गुमशुदा चीज़ को
तलाशती हुई आँखों के साथ एक औरत
सफ़ेद चट्टान की तरह खड़ी है

उसके हाथों में ज़रूर टहनियों की
वैसी हरकत है जिसे कोई
बारिश का इन्तज़ार कह सकता है

उसके भीतर से समुद्र ग़ायब हो गया है शायद
और सफ़ेद रोशनी की जगह
एक काला पत्थर रख दिया है किसी ने

अपने अँधेरे को कुछ-कुछ जानकर भी
वह अदृश्य जल-प्रवाह को सुनती है
और उसके होंठों पर नन्हें पक्षियों की तरह
भयभीत शब्द फड़फड़ाते हैं

वह औरत अपने को सहसा
एक पेड़ की तरह पाती है
और फिर उससे निकलकर
अंधी अँगुलियों से टोहती है एक फूल
उसी पेड़ पर
जो वह खुद अभी थी।

राहत

तुम अपनी खड़खड़िया साइकिल पर जाते हो
सोचते हुए आज वसंत पंचमी है
और कैरियर पर रखे कनस्तर में गेहूँ उछलते हैं
जब तुम यह सोचते हो—देखो गेहूँ के दाने
खनक रहे हैं, तभी तुम पुलिया में घुसने के पहले
देखते हो बम्बई की तरफ़ जाती मालगाड़ी
और उसी वक़्त पेट्रोल भरी बड़ी गाड़ी से बचते
पुलिया के भीतर दैत्याकार आवाज़ों के बावज़ूद
तुम अनजानी-सी सुरक्षा की साँस लेकर
पाते हो अकस्मात सड़क के बीचोंबीच बैठी दो बच्चियाँ
गंदे काग़ज़ों के चिन्दों को खोलकर तहाने में बेख़बर
और तुम ट्रक के हॉर्न और टैम्पो-स्कूटरों की रफ़्तार के बीच
फिर से उन बच्चियों के साथ
बहुत-सी चीज़ों की असुरक्षा से घिरने लगते हो
तभी तुम्हें याद आती है हँसती हुई भद्र महिला
जो गैस के लिए नम्बर लगानेवाली लाइन में
ठीक तुम्हारे आगे खड़ी थी और अपने साथ आयी लड़की से
पूछ रहीं थी—तेरी मम्मी ने क्या पकाया था आज वसंत पंचमी के दिन
फिर तुम कल रविवार के बावज़ूद
अपने ढेर सारे कामों के बारे में दुहराते हो
और चक्की पर पहुँच कर डिब्बा तुलवाते तुम याद करते हो
आटे के साथ घर पहुँचने के पहले कम-से-कम एक सब्ज़ी
थोड़ा धनिया और अर्जन्ट दवाइयां फिर एक कापी और
पेन्सिल किसी भी हालत में खरीदनी हैं

और चक्की गेहूँ को आटे में तब्दील करते हुए
तुम्हें कहीं दूर पहुँचा देती है
जहाँ तुम सोचते हो कोई अदृश्य और विराट चक्की
तुम्हारे साथ भी ऐसा ही सलूम कर रही है
पर 'शब्दों से रोटी जैसी महक' सोचते हुए
तुम उसी आवाज़ में अपने ही भीतर कुछ सुनने लगते हो
मित्रवत जिससे तुम्हारे चेहरे पर आत्मीयता झलकने लगती है।

भयभीत आदमी

सबसे अधिक कहना तो कठिन है
किन्तु बेहद मज़े की चीज़ होता है
एक भयभीत आदमी इस दुनिया में

जब वह अपने साहस के क़िस्से बखांनता है
आप ध्यान दीजिए
उसकी नाक कुछ-कुछ धूजती है
किन्तु आवाज़ बेहद संयत
ऐसी जैसे गणित का कोई टुकड़ा आपके सामने

जितना काइयाँ होगा भयभीत आदमी
सीमेंट की मानिंद भय उतना ही पुख़्ता
उसकी छाती पर चिपका होगा

दसों दिशाओं को सूँघने के बाद
जब भयभीत आदमी आप से
माफ कीजिए आपके कान से कुछ कहता है
तब आप बेहोश तक हो सकते हैं सोचते हुए
भला यह भी कोई बात हुई

जैसे उसे कहना होगा
इन दिनों पिस्सु बहुत हो गए हैं
तो आप समझिए
वह आपको मैदान के अन्तिम कोने तक घुमा देगा

भयभीत आदमी के
साहसी क़िस्सों का सबसे बड़ा ख़ज़ाना
उसकी बीवी के पास होता है
जिसे आपके कान अपनी बीवी के मार्फत
जब-जब सुनने को अभिशप्त होते हैं
शब्दों के घोड़े पर बैठकर भयभीत आदमी
कुछ इस तरह से दिखता है
जैसे वह अभी बबर शेर की दाढ़ी बना रहा है
और ऐसा करते हुए
गले के पास बटन बंद करने लगता है
क्योंकि उसे पता है
उसकी सपाट छाती का इकलौता बाल
कभी भी ग़ायब हो सकता है

उसके दाएँ हिस्से में
सकुचाता हुआ आधा सज्जन आदमी
बाएँ हिस्से में एक चीता
आधा खौफ़नाक
आधा कानूनदाँ होता है

भयभीत आदमी मौत को
चमका देने के गुंताड़े में खड़ा है
देखो उसके जूतों के तस्मे
कितने कट्ठे कसे हैं

आप बच्चों-औरतों
या सीधे-सच्चे उन इन्सानों को
बीच में मत घसीटिए
जो सिपाही को देख चमक जाते हैं
उन्हें भी मत खींचिए इस अहाते में

जो जोशिम उठाने के बाद
अपनी छाया से अपने को बचाते हैं।

यह तो अपना जाना-पहचाना
भद्र पनीला आदमी है
जो दोस्त हो सकता है आपका भी
और उसी वक़्त दोस्ती के आईने में
चेहरा जिसका भयभीत
उसकी मौज़ूदगी में आग बुझाने मत जाइए
वह आपको उत्साही कह देगा
क्योंकि उसके पास किसी न किसी कायदे का
पक्का सबूत होगा
जिसके तहत बेबात आग बुझाने की कोशिश में
आपको कम-से-कम तीस दिन की
सज़ा हो सकती है।

सचमुच भयभीत आदमी
शांति के कुएँ में
एक विस्फोटक बम है

इस विस्फोटक दुनिया में
वह एक
शांत कछुआ है

जिसे सबसे अधिक कहना तो कठिन है बहुत
किन्तु जो बेहद मज़े की चीज़
होता है
इस
दुनिया में।

पड़ताल

मेरे बारे में पड़ताल हो रही है
ज़रूर मेरे शुभचिंतक होंगे
मेरी दाढ़ के बारे में परेशान,

टूट ही जाएगी गर मेरी दाढ़
तो क्या रखूँगा मैं उसे सहेज कर
चाँदी की डिबिया में,

मैं गया था और सिर्फ़ झाँककर
उस कुएँ में
लौट आया
इतना सारा ज़िन्दा
अब शुभचिन्तक परेशान हैं
मेरे शब्दों की जड़ें
मेरे ख़ून में पा,

मैं क्या करूँ जो दरख़्त से पत्ती की तरह
नहीं होते जुदा मेरे शब्द मेरी ज़ुबान से,

सिर्फ़ तुम्हारी आँखों में
प्रश्न नहीं उत्तर थे
नदी हीन नाव की तरह
और यह कितनी असंभव राहत थी
डूबने के खतरे से सुरक्षित
यात्रा की तरह।

मैं जो कह रहा हूँ

छिपी हुई हैं चीज़ें पर मैं
उन्हें देख सकता हूँ
मैं सुन सकता हूँ उसे भी
जो बन्द होंठों के भीतर ही कहा गया,

मेरे सामने मुसीबत का कोई
वैसा पहाड़ नहीं है
कि भूख से बिलबिलाते आदमी को
ले जाकर
नाटक घर के दरवाज़े पर छोड़ आऊँ,
या
खा-पीकर जाऊँ चैन से
और दिन भर की हड्डी तोड़ थकान के बाद
सोने जा रहे लोगों की नींद के दरवाज़े पर
भय के भेड़िये छोड़ आऊँ

मैं देखता हूँ चीज़ों को
धड़कनों के भीतर तक जाकर
और कहता हूँ कुछ इस तरह से
जैसे मैं जो कह रहा हूँ
वह देख-सुन कर ही नहीं
चख कर भी आया हूँ
और यह उससे कितना भिन्न है
जो सुबह अख़बार में
किसी की भी आँखें देखती हैं

अभी मैं सिर्फ़ इतना ही बताता हूँ
कि वह जो हँस रहा है
उसका हाथ जेब में रखे चाकू पर है,
वह जो अदृश्य हो गया है
दूर जंगलों में बन्दूक साफ़ कर रहा है
और वह जो प्रकट हो रहा है
आत्मीय मुस्कान के साथ
तुम खुद सोच लो
कि वह कौन है ?

❑❑❑